八事山仏教シリーズ9

真言を歌う

詩のつばさ

監修・八事山仏教文化研究所
歌・松田美緒
文・立川武蔵

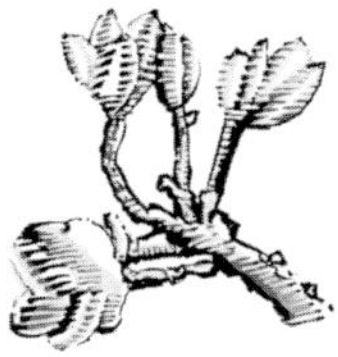

CD付き

ARM
あるむ

はじめに

　真言（マントラ）とは神あるいは仏に対する「呼びかけ」です。真言は儀礼の中でのさまざまな所作がなされる時に唱えられるものです。残念ながら、その呼びかけに対する「神たちの返事」は一般には聞こえませんが、神や仏が人間たちの呼びかけに応えてくれるよう、人間たちはその呼びかけの文句あるいは唱え方について細心の注意を払います。この「呼びかけ」こそ神たちと人間とを結びつけるものだからです。

　古代インドのバラモン社会において代表的な儀礼はホーマです。これが後世、仏教に取り入れられて護摩となりました。インドでは、仏教誕生以後に徐々に復活しつつあったバラモン勢力は土着的要素をも吸い上げながら、ヒンドゥー教を生みました。この新しいかたちの宗教にあってはプージャー（供物を神たちに捧げること）が代表的な儀礼なのですが、現在でもホーマは結婚式などで引き続き行われています。プージャーは仏教に取り入れられて「供養」（供物を捧げて仏たちを養う、つまり、活性化すること）と呼ばれています。「供養」は仏教における儀礼の基本形となりました。供養の枠組みの中で護摩も行われています。つまり、火の神に供物を捧げる所作は供養の中の中心部分である「沐浴」と入れ替わったのです。

ホーマでは原則として神像（あるいは仏像）は用いられませんが、プージャーでは「聖なるもの」の像が用いられます。一方、像のあるなしにかかわらず、真言は用いられてきました。インドの宗教における代表的な儀礼であるホーマやプージャーは、真言と身体的所作との二つによって構成されており、それらの所作ごとに真言が定められています。というよりも、真言が唱えられる毎に、その内容を表現する身体的所作がなされます。それほどに儀礼にとっては真言（言葉）が重要なのです。日本における護摩にあっては百あまりの真言が「次第」（プログラム）に従って次々に唱えられます。

古代インドではホーマやプージャーが個人的になされる場合もあったのですが、どちらかといえば集団によって行われていました。紀元前後からバクティ（帰依、献信）崇拝が盛んになるにつれて「神への呼びかけ」は個人的レベルで行われることが多くなりました。紀元一、二世紀に現在の形を採ったと考えられるヒンドゥー教の聖典『バガヴァド・ギーター』（神の歌）は神ヴィシュヌ（クリシュナ）への帰依を説いていますが、この聖典では「神への帰依」によって「神ヴィシュヌへと至る」ために特定のマントラが定められているわけではありません。しかし、今日のヒンドゥー教にあっては『バガヴァド・ギーター』第一五章などが神への呼びかけあるいは賛歌として歌われています。

今日の日本仏教にあっては『阿弥陀経』や『大無量寿経』が「報恩講」や亡くなった親族への法要の際に唱えられています。浄土教にあっては念仏すなわち「なむあみだぶつ」がもっとも重要なのですが、念仏は浄土信仰におけるマントラ（真言）だとわたしは考えています。阿弥陀仏に対する「呼びかけ」なのですから。

ヒンドゥー教の主要神の一人ヴィシュヌはガルダ鳥を乗り物としています（本書図2・6）。「ガルダ」とは「飛ぶ」などを意味する動詞「ガル」から派生した語ですが、この鳥は神への呼びかけとしての詩を運ぶ役をします。ヴィシュヌ自身が神への供物と考えられることもあります。CDを含む本書もまたガルダ鳥のように「神」たちへの呼びかけを運ぶつばさです。本書のサブタイトルを「詩のつばさ」と付けた所以です。

本書は「八事山仏教シリーズ」No.9として、いくつかの仏教の真言を歌手・松田美緒が歌っています（そのいきさつにかんしては、巻末の「あとがき」を参照していただきたい）。仏教の真言はインド以来のものですから、サンスクリットで歌ってもらうことにしました。それらのサンスクリット真言を歌う際のリズムあるいはメロディーの伝統が残されているわけではありませんので、ここではカトマンドゥで歌われている真言や漢音（つまり、漢訳経典に収められた漢字による音写テキスト）の真言のリズムなどを参考にして歌っています。

「真言を歌う」の録音の場所を提供いただいたMIHO MUSEUMに厚く御礼申し上げます。このCDブック出版のために御骨折りいただいた音楽プロデューサー・宮本貞雄氏、音楽家・土取利行氏、和気正真氏・和気愛氏（四国道隆寺、仏母院）、上戸暖大氏（四国海岸寺）の皆さんにこの場を借りて感謝の意を表したいと思います。同朋大学仏教文化研究所委託研究員周夏氏には原稿を読んでいただき、ご助言を得ることができました。御礼申し上げます。表紙の図およびカット（27、32、46、54、57、64頁）は絵師小島伸吾氏にお願いしました。ありがとうございました。文中の写真は断りがなければ立川の撮影によるものです。末筆ながら、このような新しい企画出版を許可していただいた八事山興正寺に御礼申し上げます。

二〇二四年一二月一五日

立川 武蔵

目次

第1章　儀礼と真言（マントラ）

ネワール仏教における
ホーマ。カトマンドゥ

1　古代インドのホーマ（護摩）における真言

ホーマ（護摩）やプージャー（供養）といった儀礼が真言（マントラ）と所作によって成り立っていることは「はじめに」で述べましたが、儀礼がどのような次第を追って行われるのかを知ることも重要です。以下、ホーマとプージャーがどのような構成になっているかを簡単に説明します。どの場面でどのような真言が唱えられるのかが理解しやすくなります。

儀礼とは、それぞれの集団、社会などにおいてあらかじめ定められた「聖なる」意味体系を行為によって演じてみせることです。儀礼では一連の連続した所作が行われますが、その一続きの所作を行う者はその都度、その意味をかみしめます。時代や地域を越えて儀礼は同じ手順によって繰り返し行われます。その繰り返しこそ、伝統によって印を付けられた世界にいることの確信、さらにはその儀礼の実りへの期待をいだかせるものなのです。民謡が繰り返し歌われても飽きられることのないように、儀礼は飽きられることはありません。飽きられることがあったならば、その儀礼を含む宗教は滅びます。歴史的にはそのようなことは幾度もありました。

火（火神）の中に供物を入れる護摩は日本の密教の中の重要な儀礼ですが、これは先述のように、古代インドのヴェーダ祭式の代表的な儀礼であるホーマを仏教が取り込んだ結果です。仏教の護摩は、火の神に供物を捧げるという社会的・集団的な行為の要素を保ちつつ、その中に個人的な宗教行為、つまり、各々の人の煩悩を焼くという意味を含ませたものです。

古代インドのヴェーダ祭式の内、ホーマは基本的なものでした。ヴェーダ祭式には、定期的執行の義務づけられているものと、必要や要請のあるときに行われるもの（願望祭）との二種があります。前者は僧侶たちの社会的義務として行うものですが、後者は罪の贖罪、病気の治癒などのために依頼人の要請によって行われます。

古代インドの護摩は少なくとも四人の祭官（婆羅門僧）によって執行されました。祭詞（ヴェーダの詩句、マントラ）を唱えるホートリ祭官、火の中に供物を投げ入れるアドヴァルユ祭官およびその補佐役であるアーグニードラ祭官、祭式が規定通りに行われているか否かを見守るブラフマン祭官の四人がチームを組んで護摩儀礼を行います。そのほかにホーマ儀礼の依頼者ヤジャマーナさらにはその夫人も参加します。かつてはこの依頼者は地方の王などであったのでしょうが、時代を経るにしたがって、聖火を家に保っているアグニホートリンが「ホーマ儀礼の依頼者」の役を演ずることになったと考えられます。ちなみに、アグニホートリンは現在でも妻帯者でなければなりません。

ホーマでは供犠火、家長火、および南火の三つの火炉が設けられます。図1．1にはそれらの三つの炉が写っています。写真右端には第四の炉も見えますが、それはいわばエクストラです。

供犠火は四角の炉の中にあり、儀礼の場の中心を占めます。この炉は火神に供物を捧げるための主要な火です。家長火は祭餅を焼くために用いられるもので、円形の炉の中にあります。儀礼場の南に置かれる南火はバター油をあたためるなどのために用いられ、半円形の炉にあります。

インドでは今日もヴェーダの祭式は残っています。三千年にもわたって繰り返されてきたホーマには実に精緻な構造が見られます。この儀礼では、前半に準備的儀礼が、続いて後半に主要な儀礼が行われます。前半では道具を聖化し、供物を作成し、祭壇を作成します。後半では、かの供物を祭壇の火の中に投ずるのです。

ホーマ前半に行われる準備的儀礼では、供物、道具、祭壇、さらには祭官などが聖水とマントラ（真言）で浄化されます。次に「摩擦によって火を起こすための木の道具」から火を起こします。かの道具で起こされた火がそれぞれの炉の中に移されます。供犠火が燃えあがった後、浄

図 1.1　手前の四角い炉に供犠火、写真左の半円の炉に南火、その右の円形の炉に家長火が点火されます。ヴェーダ祭式にはいわゆる寺院はありません。儀礼の都度、祭場が作られるのです。この写真の場合は、プネーのある研究所の講堂を借りて行われました。プネー、インド。1979 年

化のために用いられる水が祭壇の中に置かれます。

ホーマでは火神を儀礼場に呼ぶ所作が注意深く行われます。供犠火においてすでに火種はあるのですが、火神はまだ招かれていません。ヴェーダの詩句やマントラなどの祭詞を唱える役目を負ったホートリ祭官が供犠火の西に立って一七の点火句（サーミデーニー）を唱えます（図1．2）。それらのほとんどが『リグ・ヴェーダ』の中の詩句です。

その第一、二の句は以下のようです。

（1）油を滴らせている杓の中で、あなた（火）の食（供物）は天に行く。
幸を求めて神たちのもとに行く（RV, iii, 27, 1）。

（2）賛美されて、火神よ、祝宴に来たれ。贈り物の献供へと。
祭官は聖草（バルヒス）に坐るべし（RV, iv, 16, 10）。


このような調子で点火句の吟詠は延々と続きます。これらの詩句は日本密教における真言とはいささか異なっていますが、神への呼びかけの役をしています。『リグ・ヴェーダ』そのものが神への賛歌集なのです。

古代のバラモンたちの儀礼にあっては、それぞれの所作は常に神への呼びかけとしてのマントラを唱えながらなされます。このような伝統は日本における護摩（ホーマ）にあっても受け継がれています。

一方、点火句の吟詠にあわせてアドヴァルユ祭官は薪を供養火の中に

図 1.2〈右〉ホートリ祭官が点火のためのマントラ（サーミデーニー）を詠います。［Tachikawa and others 2001: 117］

図 1.3〈左〉火の勢いを増すために、アドヴァルユ祭官が点火句に合わせて薪を追加します（左）。［Tachikawa and others 2001: 118］

投じていきます（図1．3）。

インドのホーマにおいて神々への供物として火の中に投入されるのは、米粉を練って焼きあげた餅と、バター油です。火が燃えあがると、供物の祭餅作りが始まります。祭官たちは米粉を湯に加えてそれを練り、手のひらほどの大きさの餅を数個作ります。そして、それらの祭餅を家長火の中で焼きます。

ここで祭官たちは祭壇の作成にとりかかります。祭壇の部分の土地は儀礼的に掘り下げられます。そして、祭官たちは道具を浄め、祭壇の上に聖草を敷き、次に祭壇の上に三つの杓を並べます。儀礼の導師ともいえるアドヴァルユ祭官は家長火の前に行き、焼き上がった餅を一つずつ取りあげ、それらの祭餅を祭壇の中に並べます（図1．4）。

図 1.4　米粉を焼いた餅が祭壇に並べられ、アドヴァルユ祭官がその餅のかけらを祭杓に入れています。右端ではホートリ祭官がマントラを詠っています。主ホーマに入るための準備です。

次に主ホーマが行われます。供犠火の炉の中に、導師アドヴァルユ祭官がマントラを唱えながら杓を用いて供物を投入します。護摩木を入れて火を燃えたたせ、天界の神々に対して幾度もバター油や祭餅のかけらが炉の中に注がれます。そのバター油投入は複数の神に対してなされますが、一般にヴェーダ祭式では複数の神に対して供物が捧げられます。

ホートリ祭官が神々への賛歌を詠う度に（図1．5）、導師役の祭官アドヴァルユはバター油と焼いた祭餅のかけらを供物として火の中に幾度も捧げます（図1．6）。火は天上の神々に供物を運ぶ使者なのです。火によって天界に運ばれた供物を神々が食した後、祭官たちもかの餅のかけらを食します。この段階で瓢箪の実の形をしたイダー容器が用いられますが

図 1.5　主ホーマのためにマントラをホートリ祭官が詠います。

図 1.6　主ホーマにおいてアドヴァルユ祭官が火神に供物を捧げます。

（図1．7）、この容器の形は空海が伝えた日本の護摩で用いる大杓にも見られます。この後、後片付けの儀礼があってホーマが終了します。

このホーマ（護摩）における数多くの所作は、そこに招かれる神の威力を増し、さらに現世と天国での幸福を確実なものとするため、その場を「聖化」するため、繰り返し行われます。

2　儀礼の内化

古代インドのホーマ（護摩）は個人の悟りあるいは精神的至福には直接関係がなかったのですが、仏教の密教の護摩は儀礼の執行者あるいは依頼者の精神的至福にも深く関わります。仏教密教における護摩は、火を前にして心の中で煩悩

図 1.7　写真中央のヒョウタンの形をしたイダー容器の形は中国・日本の護摩に大杓として伝わっています。[Tachikawa and others 2001:146]

を焼くための精神的な護摩（内護摩）とヴェーダ祭式以来の伝統を組み入れた外的儀礼としてのホーマ（外護摩）との二面性を持っているからです。

もっともヴェーダ祭式あるいはヒンドゥーのホーマ儀礼が精神的至福（救済）に関わらなかったというわけではありません。「内護摩」という概念は、今日のヒンドゥー教においても仏教の「内護摩」つまり内的な火の儀礼と同様の意味で用いられています。すでに仏教誕生以前のブラーフマナ文献でも、ヴェーダ祭式に対する解釈が施され、儀礼の内化あるいは、精神化が試みられていました。

図 1.8　チャトゥフ・シュリンギー（四本の角あるいは四つの頂を有する）寺、プネーのヒンドゥー教寺院。丘の上にあります。ここでは今日でも毎日、プージャーが行われています。1981 年

3　ヒンドゥー教のプージャー（供養）と真言

護摩（ホーマ）と並んで重要な儀礼に供養（プージャー）があります。「供養」とは供物を「供えて」仏あるいは神を「養う」という意味です。この場合、何らかのものを捧げることが必要であり、単に敬う行為であれば「敬礼」（ナマスカーラ）といいます。

ヒンドゥー教においてもっとも一般的な儀礼であるプージャー（供養）が発達・整備された最終的なかたちは、「十六供養」（一六の供物によるプージャー、ショーダシャ・ウパチャーラ・プージャー）と呼ばれます。これは捧げる供物あるいは供物を捧げる所作を一六のステップにまとめた儀礼です。

一般にお客は、迎えてもてなした後、帰ってもらいます。お盆でも訪れた死者の霊の盆がすめばあの世に帰ることが前提になっています。供養も神を呼んでもてなした後、帰ってもらう、という形式を採っています。もっともヴェーダ祭式であるホーマにおいても神を呼び、神への供物として油とか餅とかを差し出すのですから、そういう意味では似ているのですが、インドにおいて護摩と供養は元々異なる形式のものです。供養では火の中

図 1.9　招いた神の座としてトゥルシーの葉が差し出されます。
チャトゥフ・シュリンギー寺。1981 年

に供物を入れません。

ほとんどすべての宗教儀礼は、準備段階としての儀礼と主要な儀礼との二段階に分かれます。一六の供物あるいは供物を捧げる行為よりなる供養（十六供養）にもこの二段階があります。準備段階の儀礼としては、水を口に含んで僧自身は自分を清め、次に息を調整します。そして罪を清める力を持つとされている真言を唱え、儀礼執行の宣言をします。

次の主要な儀礼においては以下の一六の供物が捧げられます。


第一のステップとして、神を儀礼の場に招くための呼びかけ。

第二、訪れた神（客）つまり神像に座を差し出すこと。

第三、訪れてきた神の足を洗う水を置くこと。

第四、供物としての水（閼伽水《あかすい》）を置くこと。

第五、神が口をすすぐための水を置くこと。

第六、客すなわち神の沐浴。（ミルク、ヨーグルト、水で溶いた蜂蜜、水などをかけます）

第七、神像に腰布を巻くこと。

第八、神像上部に上着（ショール）をかけること。

第九、香水（塗）をかける。（この香は栴檀などの香木を粉にしたものに

図 1.10　チャトゥフ・シュリンギー女神に第六のウパチャーラ「入浴」の一部として水をかけます。

油を混ぜて煉ったもの。これを水で溶いて用います）

第一〇、花（華）を置く。

第一一、線香（香）をたく。

第一二、灯明（灯）を置く。（九〜一二番はプージャーの供物のうち、もっとも典型的なものです。これらは仏教の供養法においてもよく知られており、金剛界マンダラではこれらの四つが神格化されます）

第一三、馳走を置く。（御飯、バナナなどの果実等、入浴、衣替の後の食事です）

第一四、神像のまわりを右回りに回ること。（インド、ネパールなどでは、あるものを右回りに回るという行為は、そのものに対

図 1.11　第七、八のウパチャーラ（新しい衣服を着せること）が終わった女神。

する尊敬を表すと考えられています）

第一五、合掌礼拝。

第一六、神が帰るのを見送る。（撥遣《はっけん》、神像に向けて花を投げます）

以上、ヒンドゥー教の供養について述べてきましたが、インド初期仏教においても供養は行われていました。『大般涅槃経』の中でブッダの遺体が荼毘に付される際の描写にすでに「供養」（プージャー）という言葉が使われています。七世紀頃の編纂と考えられる『大日経』には大日如来に対するプージャー（供養、供養法、供養祭）が詳細に述べられています。供養は仏教において基本的な儀礼として行われてきました。

日本の真言宗の「四度加行」には護摩のほかに供養法も入っていますが、この供養儀礼は「十八道」と呼ばれています。この「十八」の中に先に述べた「一六の供物」がすべて入っているわけではありませんが、「十八道」は「一六の供物によるプージャー」の仏教版といえます。

4　日本の護摩と真言

護摩（ホーマ）と供養（プージャー）とは、もともと別種の儀礼だったのですが、現在、チベット仏教圏、カトマンドゥ盆地、そして日本で行われている仏教の護摩は全体では供養の形式を採っています。つまり、供養のもろもろの次第の中の沐浴にあたるステップが護摩となっているのです。仏教の護摩も、二段階に分けることができます。〈1〉準備的な儀礼、〈2〉主要儀礼の二段階です。

〈1〉準備的な儀礼

〈1．1〉行者（導師）の入場と着座

真言仏教の護摩の準備的な儀礼は次のようです。まず行者（護摩の実践者）は護摩堂に入る前に、行者は手を洗い、口を漱ぐなどの行為をして、心身を清めます。次に行者は自身が、金剛薩埵《こんごうさった》菩薩であり、今、蓮華の上を歩いているとイメー

図 1.12　導師が着座します。これらの日本護摩の写真は、1981 年真言宗智山派照光寺において住職宮坂宥勝先生（当時、名古屋大学教授）によって焚かれた護摩を文学部インド哲学科のメンバーがとったものです（[立川他　1986] 参照）。

ジしながら道場に向かいます。

〈1．2〉行者（導師）の心身の浄化

座に着いた行者は、掌、舌および心に「月のような白い」円輪（輪《りん》）を観想します。行者は月輪の上に八葉の蓮華があり、その上に金剛（金剛杵《しょ》）が現れるのを見ます。金剛は仏教において活動（行為）の始原的エネルギーの象徴なのです。その金剛は光を放って身体的活動（身）、言語活動（口）および心的作用（意）つまり三つの行為（三密）を浄めます。

インドでも一般に人間の行為はこれらの三つに分類されますが、悟りを得ていない者の三種の行為は「不浄にして俗なるもの」です。この段階ではその不浄なる三種の行為が浄化されます。「俗なるもの」である人間の三種の行為は、密教において「三密」と呼ばれ「聖なるもの」とみなされます。ここでは不浄なる煩悩などを否定するという個人的な宗教行為の一典型が見られます。

〈1．3〉水による行者等の浄化

ヴェーダ祭式においては、マントラと水によって祭官自身、供物および道具が浄められました。不動護摩にあっても水を真言によって聖化した後、その水を自分自身および供物にふりかけます。その際、心に「ヴァン」(vaṃ)という二文字を観想し、大日如来に対して次のように観想します。

大日如来の真言ヴァン字が象徴する大悲の水を
わたし自身とすべての人々の菩提心（悟りを求める心）という大地に注いで
さまざまな心の戯論の垢を洗い浄めましょう。

「戯論」とは、われわれの悟りに直接関係の無い無駄なおしゃべり、つまり迷いの世界の中の言葉のことをいいます。ここでも迷いの世界から悟りへと至ろうとする個人的な宗教実践が行われています。

〈1．4〉炉の聖化

次に炉を聖化します。伝統的には「炉口《ろこう》加持《かじ》」といわれます。「加持」（アディシュターナ、上から下へと置くこと）とは、聖なる度の強いものが聖なる度の弱いものに対して力を与えることを意味します。

炉は、火の神アグニが炎のすがたを採って立ち上がる場ですが、この不動護摩では、大きな金属製の鉢を炉として用います。「口」はその鉢の縁を指します。ここでは行者は真言を唱えながら、金剛を右手に持ち、左手の

（デーヴァナーガリー書体）

ヴァン

（サンスクリットの読み方）

（悉曇文字）

バン

（日本における読み方）

念珠に当てて、炉口を聖化します。

〈1．5〉儀礼執行の宣言

行者は「某年某日の今からわたしはこれこれの目的をもって護摩を行う」と宣言します。このような宣言（サンカルパ）は、ヴェーダ祭式のホーマやヒンドゥー教のプージャーでも行われます。

〈1．6〉聖水

ここで聖水（閼伽水《あかすい》）が差し出されます。この水による浄化は次のように行われます。すなわち、行者は次のように観想した後、蓋の上に聖水を垂らします。

一滴の水が海となり、あまねく諸仏の国土に流れていき、
仏およびもろもろの聖なる者たちの無垢の足を洗いますように。
修行者が一切の煩悩の垢と罪を洗いながして、
彼らの身体（身）・言葉（口）・精神（意）の三つの行為が清浄となりますように。

〈1.7〉四仏の智を讃える

この段階で、行者は、四仏（阿閦《あしゅく》、宝生、阿弥陀、不空）の智慧を賛嘆する歌（四智讃）を唱えます。〈1.3〉では大日如来が登場しています。四仏と大日を合わせた五仏は、仏教マンダラを代表する金剛界マンダラの中核を構成する仏たちです。したがって、少なくとも今日行われている不動護摩は金剛界マンダラの伝統と密接な関係にあると考えられます。

〈1.8〉念珠の聖化と文字真言の観想

行者はここで念珠を取り上げ、真言（マントラ）を唱えます。その真言の文字を媒体として本尊と行者の交わりが行われます。行者は真言を唱えますが、本尊の口からも真言が流れてくると考えられています。本尊の口から出た真言の諸文字が、行者自身の頭頂から入って自分の心臓に至って、右回りに並びます。一方、自分の口からでた真言の文字は本尊の頭頂から入って本尊の心臓に至り、右回りに並びます［上野　一九六三：七三〜七五］。このような真言の文字を媒体とする観想の実践は、インド、ネパールおよびチベットでも盛んに行われていました。

以上によって不動護摩の準備的儀礼が終わります。

〈2〉主要儀礼

主要儀礼である五段護摩が始まります。五段の内、第一段では火神が、第二段では降三世《ごうざんぜ》明王が、第三段ではこの護摩儀礼の本尊である不動明王が、第四段では三七の諸尊が、および第五段では十方の守護神（十方天）が招かれます。

〈2．1〉第一火天段護摩

第一段（火天段）が始まります。四本の薪を井形に並べ、その上からさらに多くの薪を並べます。

〈2．1．1〉点火

行者前方右にあった灯明（松の木の木片）から火をつけて炉に入れ、薪を燃やし始めます。

〈2．1．2〉水による再度の浄化

火が燃え立ったところで、「道具等の浄化のための聖水器」（灑浄器《しゃじょうき》）を再度浄化します。

〈2．1．3〉自己と火神との同一

行者は阿弥陀仏の禅定印を結びます。密教においては、ある仏の印相(印)

ホウガンノキ
（東南アジアにおける沙羅の樹）

を結ぶことはその仏となることを意味します。つまり、ここでは行者は阿弥陀仏なのです。そして、行者は次のように観想します。

わたしの心の月輪に文字ラン(raṃ)があり、
それが三角の火となり、わたしの身体が火輪となります。
その火輪は手足を備えた白色の火神のすがたとなります。
それは法界にあまねく現れる巨大な火神の身体なのです。

このように行者は自分と火神とが一体であることを観想します。神と一体になるという観想法が後期インドの密教では重要な行法になりました。日本の護摩にあっても自分自身が火天と一体であると観想するというような行法が含まれているのです。

〈2．1．4〉 火神を招くこと

ここで行者は火神を儀礼場に招きます。真言を唱えながら、行者は観想します。

この花は炉の中に入れられた後、蓮華座となります。
この座の上に文字ランがあり、それが瓶に変わります。

心の中のラン字（raṃ）が三角印となり、行者の身体は火輪となります。

この瓶は火神の身体となるのです。

〈2．1．5〉炉の火神とマンダラの火神との会遇

次に行者は次のように観想します。

天に存するマンダラに住む本来の火神を呼び寄せ、炉の中に燃え立つ火神と合一させましょう。

〈2．1．6〉火の聖化

この段階では、細い杖（散杖）の先に「火神アグニの口を浄める水」（灑浄器）の水を付け、その器を打ちながら、マントラを唱えます。このようして火神の口を洗う、つまり、聖化するのです。

〈2．1．7〉油の投入

火神の口に油が投入されます。ヴェーダ祭式

図 1.13　炉の火の中に油と穀類が入れられます。

以来、火神は油などの供物を自らの口から入れ、天に昇る煙を道として天の神々に供物を運ぶ使者と考えられていました。

行者は杓によって油を火の中に注ぎ、真言を唱えながら、次のように観想します。

この油は火神の口から入り、その油が火神に他ならぬ行者の心と合体し、その心は蓮華の台に至って妙なる供物となります。

そして心は一体となった火神と行者の身体にあまねく至り、身体の毛穴から海のような巨大な供養の心が流れ出て、すべての仏、菩薩、悟りを開いた仏弟子たちおよび神々に供養しますように。

ここで外的には火の中に油が注がれるのですが、内面つまり行者の心の中では火の中にある蓮華に油が注がれます。その油は心と一体となり、行者の身体、毛穴からさまざまな供養の心が生まれ、その心によって一切の仏、菩薩、さらには神々を供養するのです。ここでは、油を注ぐという古代ヴェーダ祭式の所作が、神々への供養という行為へと変えられています。

〈2．1．8〉ご飯の投入

ご飯つまり焚いた米が火神に捧げられます。ヴェーダ祭式以来の伝統です。

〈2．1．9〉穀物の投入

この段階では、これまでと同じような観想をしながら、豆、米、とうもろこしなどの生の五穀を火の中に入れます。ヴェーダ祭式では生の五穀は火神への供物としては用いられません。ヒンドゥー教のプージャーでは、招かれた神が沐浴し、着物を替えた後、ご馳走をふるまわれます。一般にはココナツの実、バナナなどが差し出されます。このようなプージャーにおけるご馳走が後世、仏教の護摩にも影響を与えたと考えられます。

次に、真言を唱えながら、切り花や香（刻まれた香木）などを炉の中へ入れます。

〈2．1．10〉火神の帰還

火神へのもてなしが終わった後、火神が本来の住処である天にあるマンダラへと帰るのを見送ります。

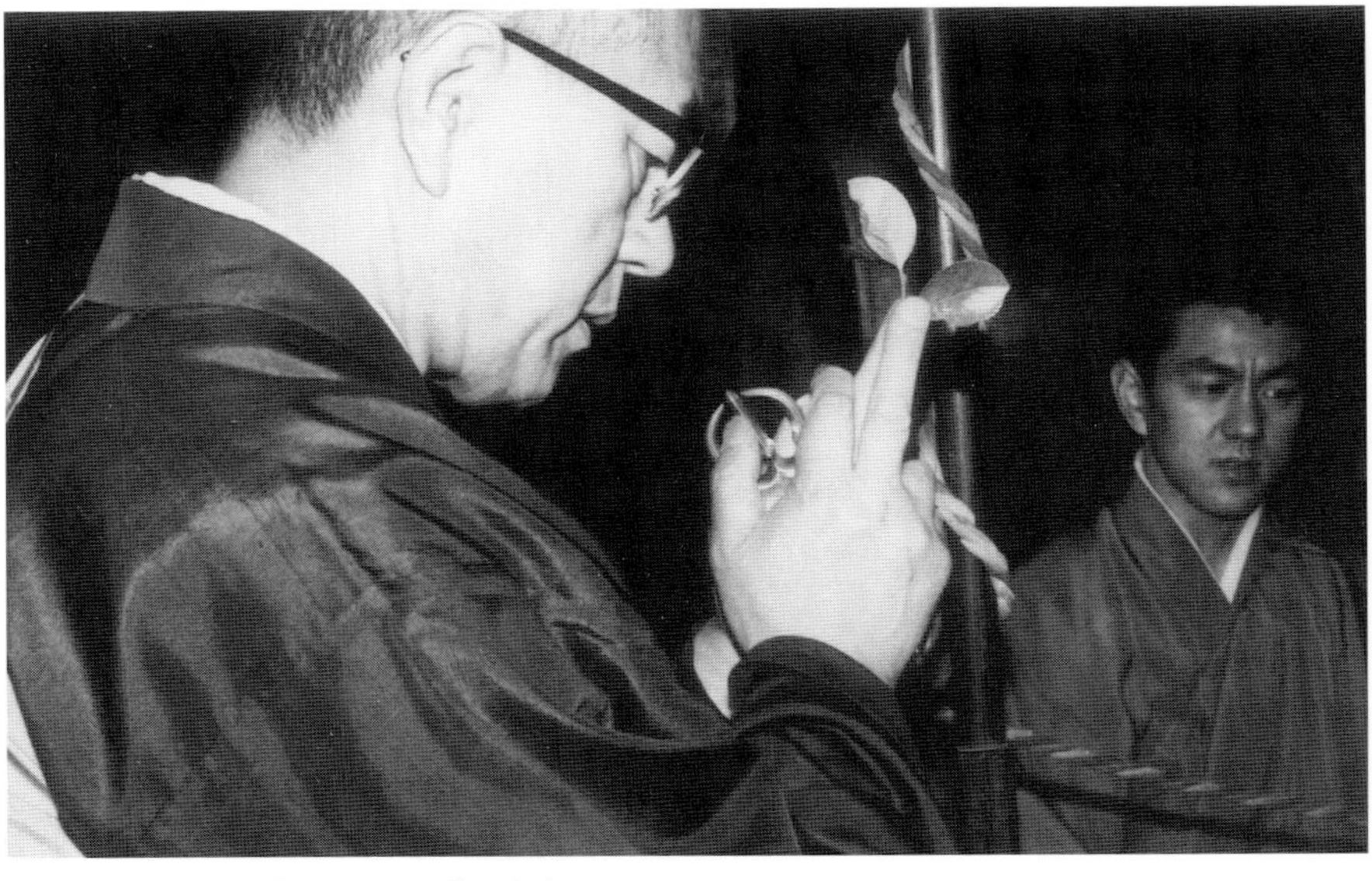

図 1.14　仏たちが帰るのを見送ります。

火に入れられた花は本来のすがたに戻って蓮華座となり、その座に就いた火神は、天のマンダラに帰るのです。

以上で第一段が終わりました。

〈2.2〉第二段護摩

第二段が始まります。第二段の本尊である降三世尊を招くため、右手で花を取り、真言を唱えながら炉に投げ入れます。観想の内容は、第一段と同様です。

〈2.3〉第三段護摩

第三段が始まります。本尊の不動明王が呼ばれて、第一段、第二段の場合と同様の所作が行われます。

〈2.4〉後供養

主要儀礼が終わったところで、主要儀礼の結びの儀礼がなされます。この儀礼の最初の所作は、左手で鈴を振るというものです。次の所作は、小さな杖で打ち出して香炉を置くことです。この第二の所作は、護摩儀礼を行ったことの功徳を他の人々の幸福のために振り向けること（廻向）を意

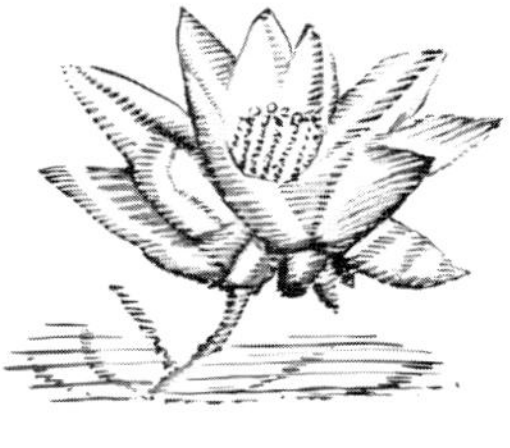

ハス

味します。

儀礼が行われる際、一般的にはその儀礼の場が他の領域から区別されて「聖なるもの」としての意味を与えられます。これは「結界」と呼ばれています。外部から障害となるようなものが侵入してこないようにという配慮からです。不動護摩の場合には〈1．1〉「行者の入場と着座」において真言を唱えることによって結界がなされていました。今、その結界を解いて、行者は護摩壇から降ります。そして炉に蓋をすることによって護摩壇を崩したことをシンボリカルに表現します。古代のヴェーダ祭式では儀礼の都度、儀礼場を作り、儀礼が終わった後、壊していました。日本の不動護摩では護摩炉に蓋をするという所作によって護摩壇を壊したということを象徴的に行っています。

護摩の諸要素

以上、日本の真言仏教の護摩をヴェーダのホーマやヒンドゥー教のプージャーと比較しながら見てきました。真言仏教の護摩は、元来はヴェーダ祭式であったホーマを「内化」したものでありますが、ヴェーダ祭式にはなかったさまざまな要素を含んでいます。ヴェーダの宗教においては主要な儀礼ではなかったプージャーという儀礼の形式を取り入れ、人格神との交わりであるバクティ（帰依）崇拝の要素も含み、さらに眼前に立ち現れる仏や菩薩と一体となるという行法（観想法）が取り込まれました。この観想法は、後世のヨーガの行法の要素を含むものです。

「行為の図像」としての儀礼

時間の経過とともに次々と行われる儀礼の所作を見ていると、一種の図像を見ているような気がします。一般に儀礼では所作の順序やかたちが決まっています。その決まっているかたちが順序どおりに幾百年、幾千年も繰り返されるのです。神々のすがたは、いったん決まってしまうとその図像学的特徴は千年、二千年と保持されます。同様に儀礼もまた、それを構成するもろもろの所作のかたちや順序が決定されると途方もない長い期間生き残ります。儀礼を「行為の図像」と呼ぶことができるでしょう。

仏教の護摩は、悟りの獲得を目指した宗教実践として時代と共に組みなおされてきました。仏教は集団的宗教行為であったホーマを個人的宗教行為として「内化」したのです。もっともそのような内化はヒンドゥー教においても行われましたが。

第2章　真言サンスクリット・テキストと和訳・解説

宝珠を持つ聖観自在。クワト寺院。
パタン、カトマンドゥ盆地

この章で扱われている真言は、日本でよく知られている光明真言、大悲心呪などです。『般若心経』全体は呪ではないのですが、日本ではよく唱えられているので、ここに収めることにしました。日本ではサンスクリットの真言が漢字に音写されたものを唱えてきましたが、その意味を理解することに細心の注意が払われてきたとはいえません。「真言（呪）なのだから、唱えることが重要である」という理由のために、その意味については「後回しにされてきた」感があります。

しかし、バラモンたちの行うホーマにあってはマントラの意味は重要であり、彼らには一字一句の意味が分かっていました。仏教の真言にも定められた意味があります。ただ、サンスクリットの理解がインドにおけるほど正確ではなかったために中国や日本では伝承の過程で変形され、今日では真言の真意が分からない場合も多くあります。ここではサンスクリットの真言の意味をできるかぎり明らかにしたいと思います。

1　六文字観自在の真言

Oṃ maṇi-padme hūṃ.（オーン、マニパドメー、フーン。）

オーン　宝珠と蓮華を持つ女神（マニパドマー）よ、フーン。

「マニパドメー」（maṇi-padme）は「マニパドマー」（maṇi-padmā）という所有複合語の女性形の呼格であり、「宝珠と蓮華を持つ女性（女神）」を意味します。この真言は六文字よりなる呪（ヴィドヤー）として知られており、真言自体が女神と見做され、観自在菩薩と同一視されることもしばしばです。

この真言は西北インドのギルギット（現在はパキスタン領）から、観自在の説話などを集めた『カーランダ・ヴューハ』の写本（七世紀）に見られますから［佐久間　二〇一一：一三七］、おそくとも七世紀には唱えられていたと推定されます。

この真言は観自在菩薩の真言の一つとして広く唱えられてきたもので、ネワール仏教やチベット仏教の伝播した地域ではすこぶる有名なものです。今日のカトマンドゥの街角ではこの真言がスピーカーから流れています。この真言（真

図 2.1 執宝珠尊（左）と六文字大明女神を脇侍とする六文字観自在。『観想法花環』第 6 番。ガウタム・ラトナ・バジュラーチャーリヤ画。

言1）は本書で取り上げる真言2と深い関係にあり、女神マニパドマーが両真言に登場します。

七、八世紀頃から一一、一二世紀頃までの観想法（成就法、サーダナ）の集成である『観想法の花環』（サーダナ・マーラー）には四点（第六、七、一一、一二）の六文字観自在の観想法テキストが収められています。図2.1はその第六番をネパールの画家ガウタム・ラトナ・バジュラーチャーリヤ（一九六三〜二〇二一）が描いたものです。テキストはバッタチャルヤ版［Bhattacharyya 1925: 26-28］を用いています。

第六番のテキストにおいてこの観自在は「左手に蓮華を持ち、右手に数珠を持つ」とあり、脇侍にかんしては「右に〈本尊と〉同じ色と手を持ち、蓮華の上に坐るマニダラ尊（宝珠を持つ男尊）と、同じように蓮華の上に坐る六文字大明女神（シャド・アクシャリー・マハー・ヴィドヤー、六文字の呪の女神化）とを観想すべし」とあります（［佐久間　二〇一一：三四二］参照）。マニダラ男尊と六文字大明女神は観自在の有する男性的原理と女性的原理を表しています。

『観想法の花環』第七番に、六文字観自在は四臂の内の左の一手は数珠、右の一手は蓮華と宝珠を持つとあります。第一二番には「本尊（バガヴァーン）は宝珠と一緒の経函が置かれた〈とイメージされる〉蓮華を持つ。執

六文字真言（サンスクリット、デーヴァナーガリー体）

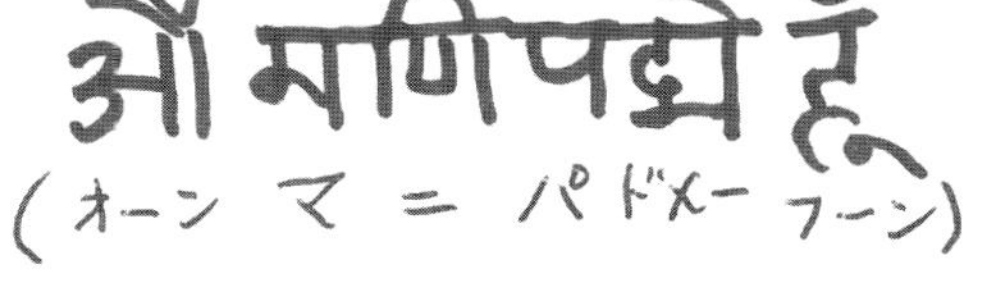

宝珠尊（マニダラ）は経函がなくて、宝珠と蓮華を持つ。六文字女神は宝石がなくて、経函と蓮華を持つ」[Bhattacharyya 1925: 36] と述べられています。

ここで重要なことは、六文字大明（六文字女神）がアンスロポモルフィックつまり「人間の姿に似た」すがたを採るといわれていることです。これは六文字観自在自身が六文字女神としばしば同一視されることを意味しています。真言1の「マニパドメー」という女性形の名詞は、六文字真言と同一視された観自在菩薩に対する呼びかけであり、呼格が用いられています。

2　光明真言

Oṃ　amogha-vairocana-mahāmudrā-maṇi-padme jvala pravartaya hūṃ.

（オーン、アモーガ・ヴァイローチャナ・マハームドラー・マニパドメー、ジュヴァラ、プラヴァルタヤ、フーン。）

オーン　不空にして遍く照らす大印である宝珠と蓮華を持つ女神よ、輝いてください。　燃え上ってください。

この真言は『不空羂索神変真言経』に述べられているものであり、真言

六文字真言（チベット文字による音写）
カッコ内はサンスクリットの読みを示します。

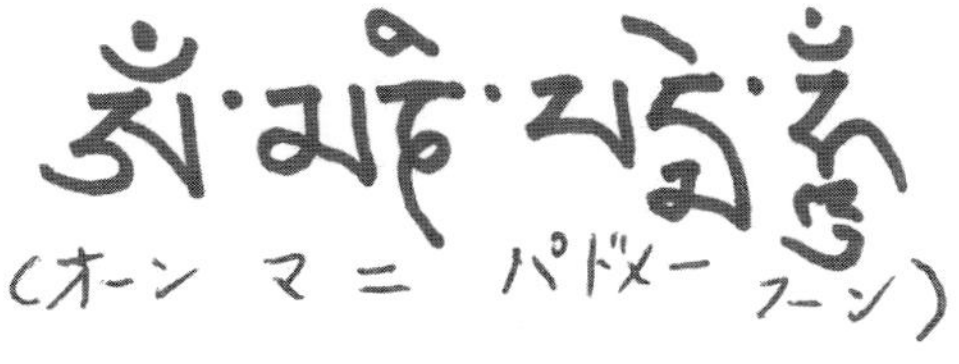

テキストは［密教聖典研究会　二〇〇四：二〇二］に依っています。この読みではmaṇi-padme（宝珠と蓮華を持つ女神よ）というように呼格が用いられています。真言1においても同様の形が見られました。観音六字の真言1と基本的には同種の真言であり、真言1が小呪であり、真言2は大呪とも考えられます［智山伝法院　二〇一〇：三五］。

　この真言において、「不空なる」と「遍く照らす」とは「大印」を形容します。そして「宝珠」と「蓮華」とは大印に他なりません。つまり、ここで大印（大いなる印）とは宝珠と蓮華のことなのです。「大印」（マハームドラー）は八世紀頃の密教思想家・行者たちの思想にも現れており、一一世紀頃の密教行者にとっては最高の悟りを意味していました［立川　二〇二一：二八五］。チベット仏教カギュ派にあって大印（大印契）は「大楽、歓喜の中で得られる真理」とも理解されました［立川　一九八七：二八］。

　一方、カギュ派のランチュンドルジェーの『大印契誓願』では「仏教僧のあるべき日常」が「大印契」（大印、チャキャ・チェン・ポ）と考えられています［立川　二〇一五ａ：四九九］。また、ゲルク派のパンチェンラマ一世は「大印契」の考え方を称揚した人として知られています［立川　一九八七：八七］。このように、チベット仏教全般にあって「大印」は重要なものでした。

光明真言　後半（悉曇文字）

しかしながら、この真言2の「大印」には後期の密教におけるような秘儀的な意味はなく、「偉大なる持物」というほどの意味と思われます。

この真言は従来、Oṃ amogha-vairocana mahāmudra maṇi-padma-jvala pravartaya hūṃ（オーン、不空にして遍く照らす方よ。大印を有する方よ。宝珠と蓮華の輝きを有する方よ。燃え上がってください）と理解されることがしばしばでした。この真言は元来、観自在の真言であり、観自在を「不空にして遍く照らす方」と呼ぶという理解には疑問を抱きます。「不空なるもの」は「大印」を形容していると思われます。「不空にして遍く照らす方よ。大印を有する方よ」を男神（観自在）にたいする呼びかけと理解した場合には、maṇi-padme というかたちを理解することが困難となります。つまり、maṇi-padme のかたちのままでは男神としての観自在を指していると考えることは困難です。「maṇi-padme は真言にしばしば見られる呼格の訛ったかたちである」という考え方もありますが、『観想法の花環』などのインドのサンスクリット文献にそのような訛が、「今日の真言に見られるように」数十回もあるとは考えられません。maṇi-pad-me は真言1にも見られるように maṇi-padmā（宝珠と蓮華を持つ女神）という女性形の呼格と考えるべきでしょう。

また、この真言は「不空遍照尊よ。大印を有する尊よ。摩尼と蓮華の光

光明真言　前半（悉曇文字）
カタカナは日本における読み方を示します。

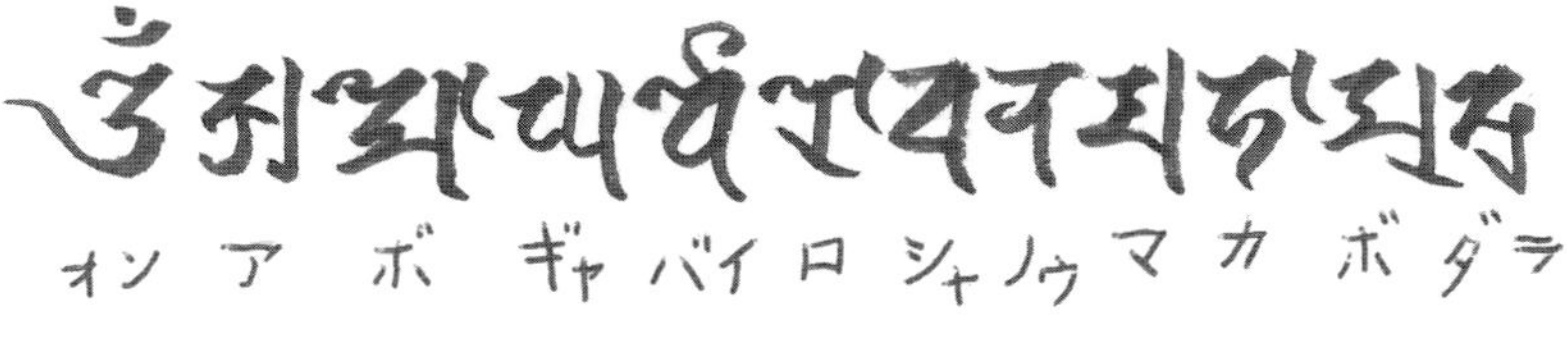

明をさし伸べたまえ」と理解されることもありました［種智院大学密教学会 一九八三：五四七］。この場合は maṇi-padma-jvala（摩尼と蓮華の光明）を目的格にとっています。しかし、ここでは maṇi-padma というかたちがあったという証左はないと思われます。

この真言には「ヴァイローチャナ」（vairocana）という表現があるので、これは大日如来の真言と考えられることがありますが、元来、これは大日如来の真言ではないでしょう。大日如来は七世紀頃の編纂と考えられている『大日経』においてはじめて知られるようになる尊格ですが、この真言は『大日経』以前に成立した『不空羂索神変真言経』に見られます。もっとも日本では鎌倉時代の明恵や叡尊などによってこの真言が広められて今日に至っているという歴史的伝統のあることは無視できませんが、本書では真言のサンスクリット・テキストを問題にしているのです。この真言は今日でも臨終の際の土砂加持法に用いられ、真言宗に属する人々は火葬場においても唱えています。

3 不動真言（慈救呪《じくしゅ》）

Namaḥ samanta-vajrāṇāṃ caṇḍa-mahāroṣaṇa sphoṭaya

不動真言 後半（デーヴァナーガリー体）

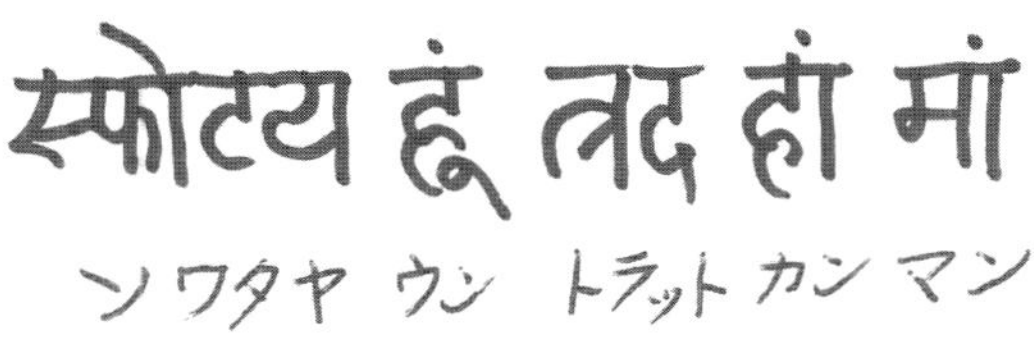

hūṃ traṭ hāṃ māṃ.

（ナマハ、サマンタ・ヴァジュラーナーン、チャンダ・マハーローシャナ、スフォータヤ、フーン、トラット、ハーン、マーン。）

〔胎蔵マンダラの〕すべての金剛部の諸尊に礼拝します。

恐ろしき大いなる咆哮を発する者よ。打ち砕いてください。

フーン、トラット、ハーン、マーン。

胎蔵マンダラの基本構造は、中央の如来部とそれを挟んで左に観音に率いられた諸菩薩（観音部）と金剛手尊に率いられた諸菩薩（金剛部）の三部によって構成されています。胎蔵マンダラの金剛部の尊格に対する真言は「すべての金剛部の諸尊に礼拝します」という句で始まるのが一般的です。不動は金剛部に属しますから、この真言もその句で始まっています。

「恐ろしき大いなる咆哮を発する者」（caṇḍa-mahāroṣaṇa）とは不動尊（アチャラ）の別名です。この真言ではこの語は所有複合語として用いられています。カトマンドゥ盆地を中心として伝えられているネワール大乗密教（金剛乗）では「チャンダマハーローシャナ」の名前が一般的です。不動の図像的特徴にかんしては［立川　二〇二四：八八］を参照されたい。カトマンドゥ盆地ではかつては不動の観想法が行われていました。

不動真言　前半（デーヴァナーガリー体）
カタカナは日本における読み方を示します。

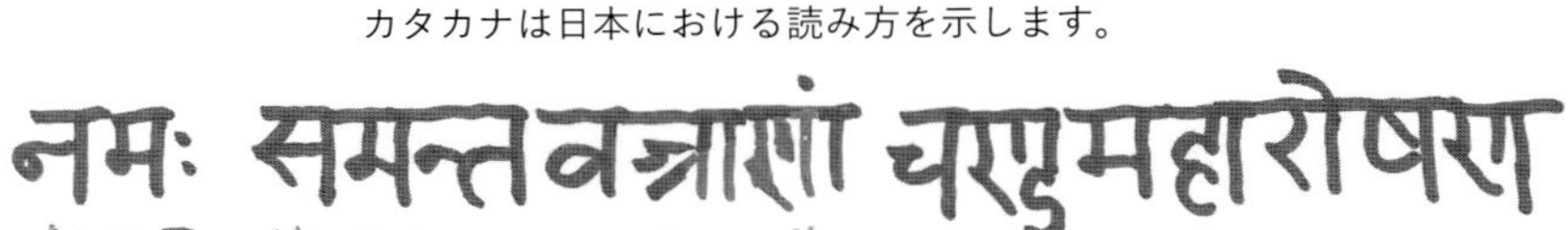
ノウマク　サマンダバザラダン　センダマカロシャダ

4　文殊菩薩の真言

Om a ra pa ca na.

オーン、ア、ラ、パ、チャ、ナ。

『大般若経』第一九（四念処品）などにサンスクリットの字母の配列として「四十二門」が述べられていますが、この配列の中の五文字 a ra pa ca na が文殊の真言となっているのです。「智慧の文殊」といわれるように文殊は学と関連しますから、このようなマントラが生まれたと考えられます。

5　弥勒の真言

Oṃ maitreya svāhā.（オーン、マイトレーヤ、スヴァーハー。）

オーン、弥勒よ、スヴァーハー。

弥勒の出生は古く、「メーッテーッヤ」として初期仏教経典に登場します。後世、弥勒は図像学的には三つの経路を辿りました。一つはアフガニスタ

文殊真言（デーヴァナーガリー体）

弥勒真言（デーヴァナーガリー体）

ン、ラダック、中央チベット、中国北部、朝鮮半島という北寄りのルートで大仏として表されました。二つ目はマンダラの中で表された菩薩としての弥勒です。第三はいわゆる半跏思惟像として表現された弥勒です［立川二〇一五b：一一五］。

もっとも如来としての弥勒坐像も、例えば、北京の雍和宮におけるように、よく知られています。ようするに弥勒は菩薩でもあり如来でもあるのです。弥勒はミトラ教のミトラ（ミスラ）神やゾロアスターなどとの関連があるといわれています。

弥勒は「慈氏」とも呼ばれますが、「慈」とは「他人にいつくしみを与えること」であります。ちなみに、「悲」とは「他人から苦しみを取り除くこと」です。

6　金剛界大日如来の真言

Om vajra-dhātu vam.（オン、ヴァジュラ・ダートゥ、ヴァン。）

オーン、金剛界尊よ、ヴァン。

七世紀後半あるいは八世紀前半に『金剛頂経』が成立しましたが、この

金剛界大日如来の真言（悉曇文字）
カタカナは日本における読み方を示します。

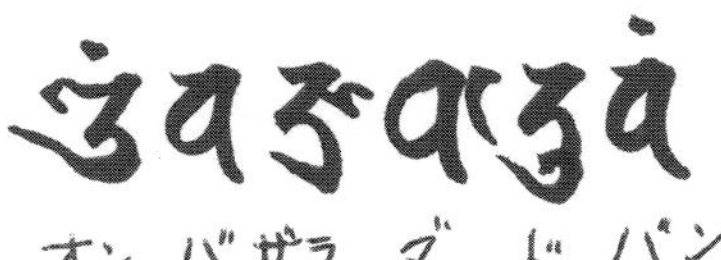

経典に金剛界（ヴァジュラ・ダートゥ）マンダラが述べられています。「金剛」（ヴァジュラ）とは元来、ヴェーダにおける英雄神インドラの武器である稲妻のことでした。時代が下るにつれて、金剛石（ダイヤモンド）を指すようになり、さらに仏教の密教にあっては真理をも意味するようになりました。

「金剛界」とは金剛の有する本質（界、ダートゥ）とも理解できますし、金剛という本質とも解釈できます。真言6における「ヴァジュラ・ダートゥ」は金剛界マンダラというよりは、金剛界マンダラの中尊である大日如来を指します。vaṃ は vairocana（大日如来）のイニシャルです。

中国・日本において金剛界マンダラとは九つのマンダラが井形に組み合わさったマンダラを指しますが、インド、ネパールおよびチベット仏教伝播圏では九重マンダラの中央のマンダラ（成身会《じょうしんね》）を指します。

7　胎蔵大日如来の真言

A vi ra hūṃ khaṃ.

ア、ヴィ、ラ、フーン、カン。

ヴァジュラ

七世紀頃に『大日経』が成立しますが、この経典によって仏教の密教が確立したといわれています。『大日経』が述べているマンダラが胎蔵（ガルバ・ウドバヴァ、胎より生まれた）マンダラであり、胎蔵大日とは、胎蔵マンダラの中尊としての大日如来を指します。その尊容にかんしては［立川　二〇二四：四〇］を参照されたい。

A vi ra hūṃ khaṃ は世界の構成要素としての地・水・火・風と関係しています。空海の『即身成仏義』に a vi ra hūṃ khaṃ hūṃ という真言が述べられており、空海は a を地、vi を水、ra を火、hūṃ を風、khaṃ を空に結び付けています。これは『大日経』の叙述におおむね基づいていますが、異なっている点もあります。例えば、『大日経』では水に va を当てているからです（詳細は［立川　二〇二三：二一四―二二三］を参照されたい）。

胎蔵大日如来の真言（悉曇文字）
カタカナは日本における読みを示します。

8　阿弥陀如来の真言

Oṃ amṛta-teje hara hūṃ.（オーン、アムリタ・テージェー、ハラ、フーン。）

オーン、甘露の輝きを持つ女神よ、〔汚れを〕祓ってください。フーン。

amṛta の文字通りの意味は「不死なるもの」ですが、ここでは「不死の甘露」を意味します。中性名詞tejas（輝き）から女性名詞tejāが作られ、その呼格tejeが用いられています。したがって、ここのamṛta-tejeは「甘露の輝きを持つ女神」への呼びかけです。

これはこの真言が阿弥陀の真言であるとともに観自在王仏（アヴァローキテーシュヴァラ・ラージャ）あるいは甘露王如来の真言でもあるからです［智山伝法院　二〇一〇：五七］。観自在が女神としてイメージされることは本書真言1および2で述べました。元来、観自在には蓮華を持つこともそうなのですが、女性的なところがあります。体をわずかに折りながら、歩きだそうとして片方の足を前に出すといった姿勢は女性的です。

9　供養のはじめの真言（普礼）

Oṃ sarva-tathāgata-pāda-bandanaṃ karomi.

（オーン、サルヴァ・タターガタ・パーダ・バンダナン、カローミ。）

オーン、わたしはすべての如来の御足に礼拝します。

ヒンドゥー教の「十六供養法」では神の足に礼拝する場面はありませんが、インドでは尊敬すべき人、例えば、親や師の足に額を付けて敬意を示すこ

阿弥陀如来の真言（悉曇文字）
カタカナは日本における一般的読みを示します。

とは今でも行われています。この真言は、仏教における供養法のはじめに仏の御足に礼拝する際に唱えられるものです。

10 三業を浄める真言（浄三業）

Oṃ svabhāva-śuddhāḥ sarva-dharmāḥ svabhāva-śuddho 'haṃ.

（オーン、スヴァバーヴァ・シュッダーハ、サルヴァ・ダルマーハ、スヴァバーヴァ・シュッドー、ハン。）

オーン、一切のものの自性は清浄です。わたしの自性も清浄です。

「自性」という語は初期大乗仏教の思想家龍樹の『中論』にあってはほとんどの場合、アビダルマ仏教において主張される恒常不変の実体の意味で用いられており、龍樹はその自性の存在を否定します。『般若心経』サンスクリット・テキストにおける「五蘊は自性を欠いたものである」という場合の「自性」も否定されるべきものと考えられています。

後世には、『中論』の注釈家チャンドラキールティ（七世紀）も「自性」を「本質」の意味で、つまり、肯定的な意味で用いられるようになりました。密教にあっては一般に「自性」はこの真言10に見られるように、「良い」意味で用いられます。

この真言は日本では「浄三業」といわれてきましたが、「三業」とは身体的（身）、言語的（口）、精神的（意、心）活動を指します。人間の活動をこの三種類の活動の観点から捉えているのです。

11　護摩において火神を招く真言（勧請火天）

Oṃ agnaye, śāntika ehy ehi jaḥ hūṃ vaṃ hoḥ svāhā.
（オーン、アグナイェー、シャーンティカ、エーヒ、エーヒ、ジャハ、フーン、ヴァン、ホーホ、スヴァーハー。）
オーン、〔この真言は〕アグニへ〔のものです〕。シャーンティカ（寂静尊）よ、おいでください。おいでください。ジャハ、フーン、ヴァン、ホーホ、スヴァーハー。

インドのバラモンたちのホーマにおいてと同様、仏教の護摩のはじめには天に住む神たちを招くために、この真言が唱えられます［Kolhatkar and Tachikawa 2012: 128］。

「シャーンティ」とは一般に寂静、平安を意味する言葉ですが、この

カタカナ上段はサンスクリット発音を、
下段は日本における読み方を示します。

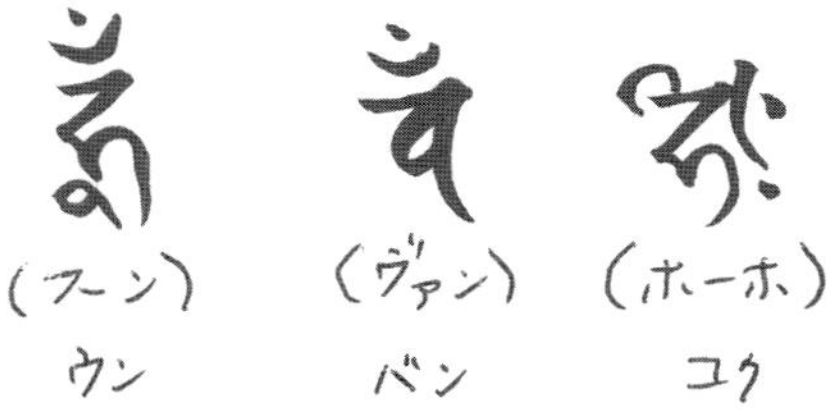

火天印

「シャーンティカ」は災いを鎮める者の意味で用いられており、火神を指しています。「カ」という語尾が付くと、シャーンティを有する者（災いを取り除く者）の意味となります。護摩を焚く目的の一つは災いを鎮めてもらうことでした。

火神を招いた後、「ジャハ、フーン、ヴァン、ホーホ」という真言が「四明印」と呼ばれる四種の印相とともに唱えられます。これらの印は「四摂《ししょう》の印」とも呼ばれ、マンダラの四つの門にいる四尊（鉤・索・鎖・鈴）に関係します。これらの四門衛は招かれた主尊を護衛する役目を負っています。

12 大悲心陀羅尼（青頸観自在陀羅尼）
—サンスクリット還元テキスト—

この真言は一般に「大悲呪《だいひしゅ》」と呼ばれており、臨済宗の寺院などで勤行として唱える際には漢字に音写されたものが用いられています。日本では一般に伽梵達摩《がぼんだつま》訳に含まれるサンスクリット音写（『大正蔵』一〇六〇番第二〇巻　一〇七頁）が大悲心真言として用いられています。

この真言は一般には日本のみならず中国においても千手千眼観自在の真言として知られていますが、この真言においては、千手千眼を詠ったとこ

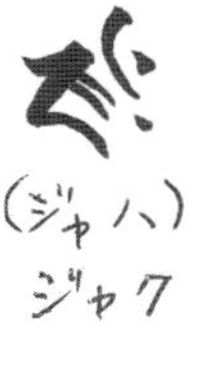

ろはありません。内容的には青頸観自在（青い頸の神すなわちシヴァ神の特徴を取り入れた観自在）の真言というべきです。シヴァのみならず、この真言ではヴィシュヌ神の特徴をも備えた観自在への呼びかけがなされています。ちなみに、この真言ではブラフマー神への言及はありません。ようするにこの真言は仏教がヒンドゥー教の神々の特徴を取り入れていった様子を語っているのです。これをヒンドゥー教の襞の中に仏教が絡めとられていった過程の一つと見ることもできるでしょう。

　この真言には悉曇文字で書かれたものが複数（大正蔵　一一一三B番、一〇六一番など）残っており、『西蔵大蔵経』にも「青頸観自在の陀羅尼」としてチベット文字で音写されたものが残っています（『台湾版西蔵大蔵経』九〇八番、デルゲ版九〇五番）。しかしながら、悉曇文字テキスト、漢字音写、チベット文字音写は明らかに異なったヴァージョンを伝えており、個々の句にかんしても不明な点が多くあります。近代の研究者たちはこの真言のサンスクリットへの還元テキストを作ろうとしてきましたが、現在に至っても不明な点が残っています。ここではそれらの問題点を指摘するにとどめます。

　ここに掲げたサンスクリット・テキストは［田久保　一九七九：一二〇—一二一］、［坂内　一九八一：一九—二〇］、［八田　一九八五：二四七］およ

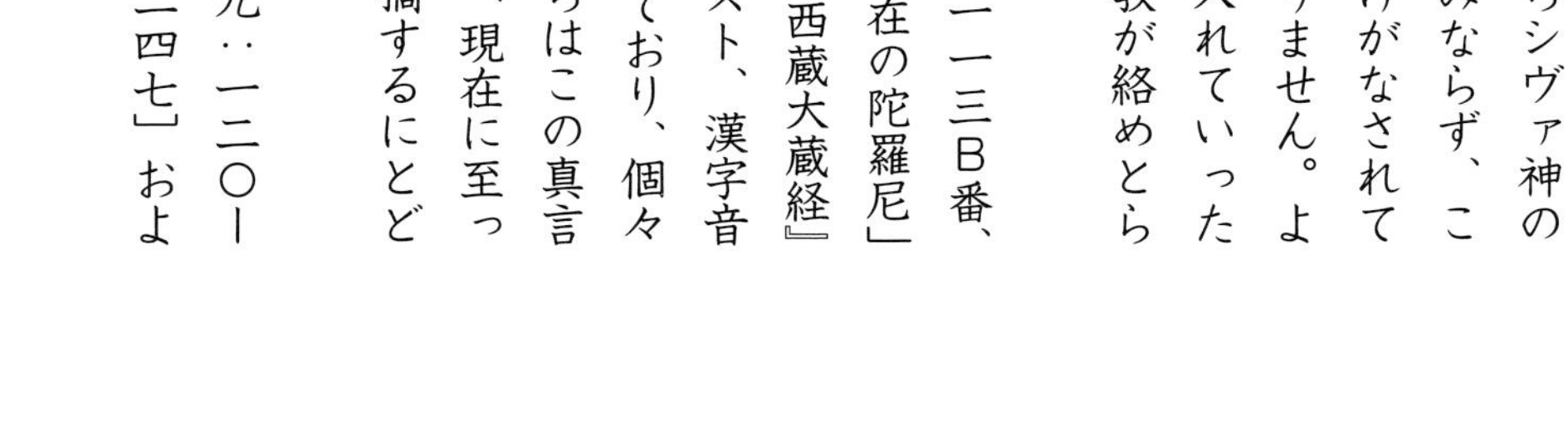

び［木村・竹中　一九九八］を参考にしたものです。

0. namo ratnatrayāya.

三宝（仏・法・僧）に帰依します。

1. nama āryāvalokiteśvarāya bodhisattvāya mahā-sattvāya mahā-kārṇikāya.

聖なる観自在菩薩、大いなる勇気を持つ菩薩、大悲心を有する方に帰依します。

2. oṃ sarva-bhayeṣu trāṇakarāya tasmai namaskṛtvā

オーン、すべての危険において救い上げてくださるかの方に敬礼して、

3. imam āryāvalokiteśvaratva-nīlakaṇṭha-nāma-hṛdayam āvartayiṣyāmi,

聖なる観自在の力を持つ青頸尊というこの心〈真言〉を詠います。

従来は āryavālokiteśvaratva と nīlakaṇṭha とを分けることが多かったのですが［坂内　一九八一：一九］［八田　一九八五：二四七］、この二語は「聖なる観自在の力を持つ青頸尊」というように一つの複合語と解するべきで

大悲心陀羅尼（チベット文字による音写、台湾版908番、2行目より）

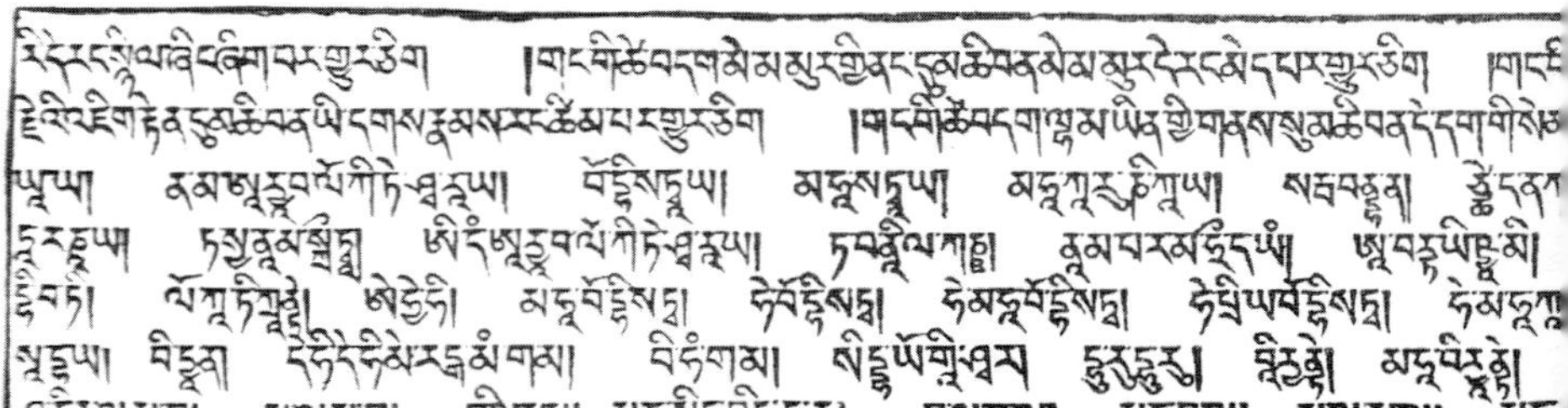

しょう。āvartayiṣyāmi は「行為をはじめる」を意味しますが、ここでは「〔わたしは〕真言を詠う」の意味で用いられています。

青頸観自在とはシヴァ神の特徴を取り入れた観自在のことです。かつて神々は乳海の底に沈む不死の甘露をはじめとする宝物を得ようとして、マンダラ山を攪拌棒とし、大蛇をその棒に巻き付けて乳海を攪拌しました。その際、苦しさのためかの大蛇は猛毒を出したのですが、その毒をシヴァが飲みました。そのためにシヴァの頸が青くなったといわれています。この真言は、シヴァ神とヴィシュヌ神との性格を取り入れた観自在が詠われています。これは当時、仏教がヒンドゥー教の要素を取り入れていった様子を語るものです。

4. sarvārtha-sādhanaṃ śubhaṃ ajeyaṃ sarvabhūtānāṃ bhava-mārga-viśuddhakam.
すべてのことを成就し、めでたく、〔誰も〕打ち勝つことはできない、すべての生類の生存〔輪廻〕の道を浄める〔心真言〕を〔詠います〕。

5. tad-yathā, oṃ āloke ālokamati lokātikrānte he he hare.
すなわち、オーン、光り〔の女神〕よ、光りを有する女神よ、世間を

乳海攪拌

越えている女神よ、へー、へー、ハリよ。

āloka（光明）は男性名詞ですが、ここでは光明が女神として表象されて、lokāという女性名詞が作られ、その呼格であるālokeが用いられています。ālokamatiのmat-は「～を有する者」を意味しますが、その女性形ālokamatī（光明を有する女性）の呼格としてālokamatiが用いられているのです。この場合のlokaは世界（界）というよりも人々を指します。

ここではāloke、loke、ālokamati、さらにはlokāti-というようにlokという音を重ねて真言としての効果が増すように工夫されています。

ここの「ハリ」は、先述の青頸尊を指していると思われるので、シヴァの力を有する観自在を指しますが、ヴィシュヌを指しているのかもしれません。「ハリ」はシヴァを意味することもありますが、一般にはヴィシュヌを指します。ヒンドゥー教ではシヴァとヴィシュヌはしばしば同一視されます。

6. mahā-bodhisattva smara smara, hṛdayaṃ kuru kuru,

偉大なる菩薩よ、念じてください。念じてください。心〔真言の行為〕をなしてください。なしてください。

ここの「フリダヤ」は本質、心臓などという意味ではなくて心真言を指します。「心〈真言の行為〉」とは、真言の中で観自在に依頼していることを指します。

7. karmaṃ sādhaya sādhaya, dhuru dhuru, vijayante
mahā-vijayante dhara dhara.

行為を成就させてください。成就させてください。〈その成就を〉保持してください。保持してください。勝利する女神よ、大勝利の女神よ、保ってください。保ってください。

「勝利する女神よ」（mahā-vijayante）は女性形の呼格です。真言の文字を指していると思われます。すでに述べたように、菩薩などの尊格と呪とはしばしば同一視されます。

dhuru は動詞 √dhṛ の命令形（二人称、単数）と考えられます。一般には √dhṛ の命令形は dhara です。

8. dharendreśvara cala cala, amala vimala amala-mukty ehy ehi.

強固な受持に自在なる方よ、動いてください。動いてください。無垢な方よ、垢を離れた方よ、無垢をも離れた方よ、こちらにいらしてください。こちらにいらしてください。

「強固な受持に自在なる方」は男性名詞であり、観自在を指しています。「受持」とは先述の第7句の「保持」を指しています。dhara-indra の indra は「勝れた、強固な」を意味します。「こちらにいらしてください」とは神・仏を召請（アーヴァーハナ）するときの言葉です。

9. lokeśvara rāga-viṣaṃ vināśaya, dveśa-viṣaṃ vināśaya, moha-cala-viṣaṃ vināśaya.

世主よ、貪毒を消してください。瞋毒を消してください。痴という揺れ動く毒を消してください。

「世主」（人々の主）は「アヴァローキテーシュヴァラ」（観自在）と同じ尊格を指します。貪・瞋・痴はもろもろの煩悩の内の三代表です。

10. huru huru malaṃ, huru huru malaṃ, huru huru hare.

垢を取り除いてください。取り除いてください。垢を取り除いてく

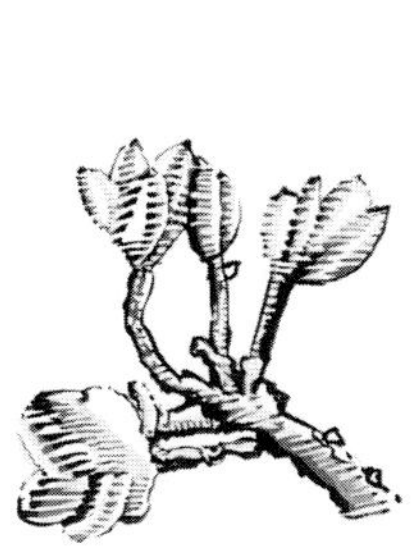

チャンパカ
「悲しみの花」ともいう。

ださい。取り除いてください。ハリ（観自在）よ、取り除いてください。
取り除いてください。

［坂内　一九八一：一九］や［八田　一九八五：二四七］では hulu hulu となっていますが、hulu の意味ははっきりしません。日本で通常用いられている漢字音写では「呼盧呼盧」とありますが、「漢訳音写の用法に従えば、「盧」の字は「ru」にあてられるのが通常」［木村・竹中　一九九八：一五二］ですので、原文は huru（動詞 √hṛ〈取り除く〉の命令形、二人称、単数）であったでしょう。「取り除く」という動詞の目的語として［坂内　一九八一：一九］や［八田　一九八五：二四七］における mala はもとは malaṃ というように目的格であったでしょう。もっとも仏教経典で用いられるサンスクリットでは mala の形でも目的格になり得ます。しかしながら、本書で扱っている真言はほとんどパーニニによって規定された古典サンスクリットの規則に従っていますので、mala ではなく元来 malaṃ であったと考えるべきでしょう。

11. padma-nābha sara sara, siri siri, suru suru, budhya budhya, bodhaya bodhaya.

蓮華を臍から有する方（ヴィシュヌ）よ、動いてください。動いてください。現れてください。現れてください。流れ出てください。流れ出てください。目覚めてください。目覚めてください。目覚めさせてください。目覚めさせてください。

「蓮華（padma）を臍（nābha）から有する方」という複合語の作り方にはいささか奇妙なところがあります。この複合語は一般には「蓮華を臍として有する者」となるでしょう。しかし、臍から蓮華が生じてくるのであって、蓮華そのものが臍ではありません。ともあれ、この複合語がヴィシュヌを指していることは間違いのないことです。元来、この神話はブラフマー神の出現に重点が置かれていたのですが、すでに述

図 2.2　ヴィシュヌの臍から蓮華に乗ったブラフマー神が現れます［立川　2008:121］。

べたように、この真言では、さらに仏教の真言一般では、ブラフマー神への言及はほとんどありません。ブラフマー神は古くから仏教に取り入れられて梵天として崇拝されていたからでしょう。

12. maitreya-nīlakaṇṭha kāmasya dharṣaṇāṃ prahrādamāna svāhā, siddhāya svāhā.

慈の心の青頸尊（観自在）よ、［我々の］欲望を喜んで抑える方よ、スヴァーハー。成就者よ、スヴァーハー。

鹿皮を左肩にかけた姿でイメージされています。シヴァ神の特徴を取り入れた観自在です。アンテロープ鹿皮を聖紐（ヤジュニャ・ウパヴィータ）として左肩から右腹にかけています（図2．3）。

13. mahā-siddhāya svāhā, siddha-yogeśvarāya svāhā, nīlakaṇṭhāya svāhā.

図 2.3　青頸観自在。『観想法の花環』第 39 番。ガウタム・バジュラーチャーリヤ画

偉大なる成就者に、スヴァーハー。成就せる、ヨーガの自在者に、スヴァーハー。青頸尊に、スヴァーハー。

成就者（シッダ）とはヨーガなどによって超能力を獲得した者を意味します。シヴァはヨーガ行者としても知られています。ここではそのようなシヴァと同化した観自在を指しています。

14. varāha-mukha-siṃha-mukhāya svāhā, padma-hastāya svāhā, cakra-yuktāya svāhā.
野猪の顔あるいは獅子の顔を有する方（ヴィシュヌ）に、スヴァーハー。蓮華を手にする方に、スヴァーハー。円輪を持つ方に、スヴァーハー。

ヴィシュヌは野猪の顔を有する化身や顔は獅子で胴体は人間という化身の姿をとります（図2．4、

図 2.4　ヴィシュヌの化身としての野猪［立川　2008:147］。

図 2.5　ヴィシュヌの化身としての人獅子

図2.5）。円輪（鋭い刃の付いた円形ブーメラン）はヴィシュヌの武器の一つです。

15. śaṅkha-śabdane bodhanāya svāhā,
mahā-lakuṭa-dharāya svāh.

ほら貝の音で［人々を］悟らせる方に、スヴァーハー。大きな棍棒を持つ方に、スヴァーハー。

ほら貝も棍棒もヴィシュヌの持物です（図2.6）。

16.vāma-skandha-diśa-sthita-kṛṣṇaajināya
svāhā, vyāghra-carmanivasanāya svāhā.

左肩のところに黒い［鹿］皮をかけた方（シヴァに似た観自在）に、スヴァーハー。虎皮を纏った方に、スヴァーハー。

シヴァはしばしば肩に鹿皮をかけ、虎皮を腰に巻く姿で描かれます（図2.7）。従来のテキスト

図 2.6　ガルダ鳥に乗り、右手に円輪、左手に棍棒、左第 2 手にほら貝を持つヴィシュヌ。ガルダは詩（マントラ）を運ぶ鳥です。チャングナラヤン寺、カトマンドゥ盆地

では kṛṣṇa-jināya とありました。jina は勝者を意味しますが、これでは意味が通じません。kṛṣṇa-ajināya（kṛṣṇājināya）つまり、「黒い（アンテロープ鹿の）皮を有する者」であったと考えられます。『観想法の花環』第三九番には「アンテロープ鹿（eṇeya）の皮でつくられた聖紐をかけた方」（バッタチャルヤ版　八六頁）とあります（図2．3参照）。

17. namo ratnatrayāya, nama āryāvalokiteś-varāya svāhā.

三宝に帰依します。聖なる観自在に、スヴァーハー。

18. om sidhyantu, mantra-padāya svāhā.

オーン、［私の望みが］成就しますように。真言の言葉に、スヴァーハー。

19. mahā-kārṇika-hṛdaya-dhāraṇī.

図 2.7　鹿の皮を左肩に掛け、虎皮に坐るシヴァ。カトマンドゥ市で入手

偉大なる悲の心の方の心陀羅尼（心真言）が終わる。

ここでは「陀羅尼」は「真言」と同じ意味に用いられています。

13　般若心経（小本）

以下に『般若心経』の和訳とサンスクリット・テキストを挙げます。『般若心経』の内容にかんしては多くの書籍が出版されているので、ここではその説明は省きます。ただ、最後の真言についてはわたしの理解を述べておきます（[立川　二〇〇一] を参照されたい）。

真言 gate gate pāra-gate pāra-saṃgate bodhi svāhā の gate は gatā（行った女性）という女性名詞の呼格であり、「悟りに至ったもの（女神）」すなわち悟りの智慧（bodhi）を意味します。悟りの智慧が女神として表象されているのです。pāra-gate は「彼岸（悟り）へと至った女神」を意味し、saṃgate は gate とほとんど同じ意味です。saṃ は強めの意味を有しています。bodhi は悟りを意味し、やはり呼格です。svāhā は「幸いあれ」というように理解されたことがありましたが、この語に特別の意味はなく、掛け声と思われます。

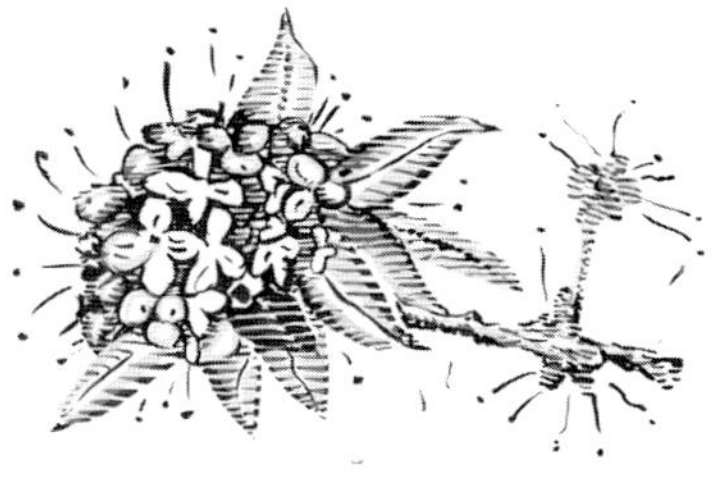

アショーカ

『般若心経』和訳

0. 全知者に敬礼。

1. 深い般若波羅蜜多（智慧の完成）において行を行じていた観自在菩薩が見ぬいた。

2. 五つの構成要素（五蘊）が存在する。それらを自体（自性）が空であるものと見ぬいたのである。

3a. 〔観自在菩薩がシャーリプトラ（舎利子）にいう。〕この世では、シャーリプトラよ、

3b. 色（いろ・かたちあるもの）は空性であり、空性は色である。

3c. 色は空性に異ならない、空性は色に異ならない。

3d. 色であるものは空性であり、空性であるものは色である。

3e. 受（感受）、想（初期観念）、行（精神的慣性）、識（認識）も同様である。

4a. この世では、シャーリプトラよ、すべてのもの（法）は空性を特質としている。

4b. それらは生ずることなく、滅することなく、垢のついたものでもなく、浄なるものでもなく、不足なのでもなく、満ちているのでもない。

5a. それゆえに、シャーリプトラよ、空においては色なく、受なく、想なく、行なく、識もなく、

5b. 眼も耳も鼻も舌も身も意もなく、

5c. 色も声も香も味も触も法もなく、

5d. 眼界から意識界に至るまでもない。

5e. 無明もなく、また無明の尽きることもない。老と死に至るまでもなく、老と死の尽きることもない。

5f. 苦も集も滅も道もなく、

5g. 智もなく、得もない。

6a. それゆえに、得がないゆえに、また、菩薩の般若波羅蜜多に依るがゆえに、心を覆うものもない。

6b. 心を覆うものがないゆえに、恐れがなく、顛倒した心を離れて涅槃に入っている。

6c. 三世（過去・現在・未来）のすべての仏たちは般若波羅蜜多に依って無上の正しい悟りを得られた。

7a. それゆえに、知るべきである。般若波羅蜜多の大いなる真言は、大いなる知の真言、無上の真言、比すべきもののなき真言であり、すべての苦しみを鎮めるものである。〔そのことは〕真実である。偽りではない

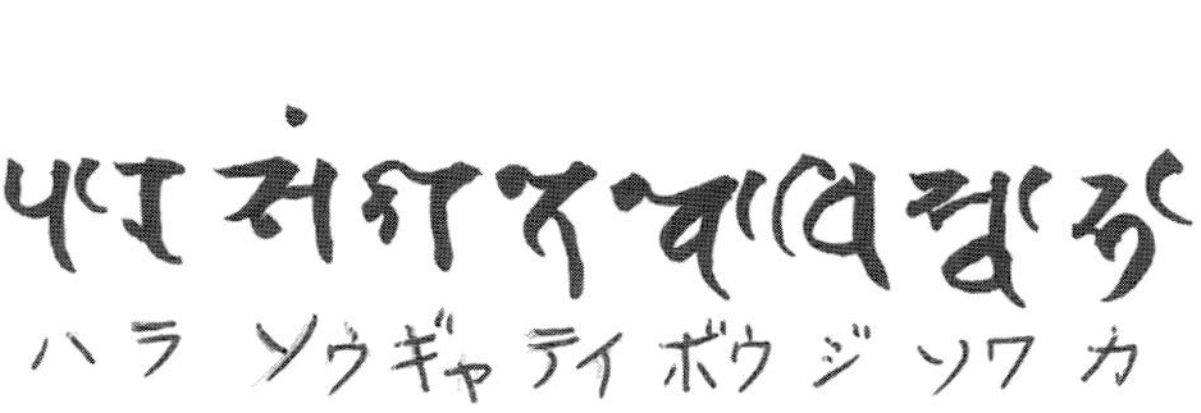

ゆえに。

7b. 般若波羅蜜多を意味する真言が説かれている。すなわち、行きたるもの（般若波羅蜜多）よ、行きたるものよ、彼岸に行きたるものよ、彼岸に行き着いたものよ、悟りよ、スヴァーハー（ガテー、ガテー、パーラガテー、パーラサンガテー、ボーディ、スヴァーハー）」と。

以上で『般若波羅蜜多の心』終わる。

般若心経真言（悉曇文字）
カタカナは日本における読み方を示します。

『般若心経』（小本のサンスクリット・テキスト）

0. namas sarvajñāya

1. āryāvalokiteśvaro bodhisattvo gambhīrāyāṃ prajñā-pāramitāyāṃ caryāṃ caramāṇo vyavalokayati sma.

2. pañca skandhās. tāṃś ca svabhāva-śūnyān paśyati sma.

3a. iha śāriputra

3b. rūpaṃ śūnyatā śūnyataiva rūpam.

3c. rūpān na pṛthak śūnyatā, śūnyatāyā na pṛthag rūpam.

3d. yad rūpaṃ sā śūnyatā, yā śūnyatā tad rūpam.

3e. evam eva vedanā-saṃjñā-saṃskāra-vijñānāni.

4a. iha śāriputra sarva-dharmāḥ śūnyatā-lakṣaṇā

4b. anutpannā aniruddhā amalāvimalā nonā na paripūrṇāḥ.

5a. tasmāc chāriputra śūnyatāyāṃ na rūpaṃ na vedanā na saṃjñā na saṃskārā na vijñānam.

5b. na cakṣuḥ-śrotra-ghrāṇa-jihvā-kāya-manāṃsi.

5c. na rūpa-śabda-gandha-rasa-spraṣṭavya-dharmāḥ.

5d. na cakṣur-dhātur yāvan na mano-vijñāna-dhātuḥ.

5e. na vidyā nāvidyā na vidyā-kṣayo nāvidyā-kṣayo yāvan
na jarāmaraṇaṃ na jarāmaraṇa-kṣayo,

5f. na duḥkha-samudaya-nirodha-mārgā,

5g. na jñānaṃ na prāptiḥ.

6a. tasmād aprāptitvād bodhisattvānāṃ prajñā-pāramitāyām
āśritya viharaty a-cittāvaraṇaḥ.

6b. cittāvaraṇa-nāstitvād atrasto viparyāsātikrānto niṣṭhanirvāṇaḥ.

6c. try-adhva-vyavasthitāḥ sarva-buddhāḥ prajñā-pāramitām
āśrityānuttarāṃ samyaksambodhim abhisambuddhāḥ.

7a. tasmāj jñātavyaṃ prajñā-pāramitā-mahāmantro
mahāvidyā-mantro ’nuttara-mantro ’samasama-mantraḥ.
sarvaduḥkha-praśamaṇaḥ. satyam amithyatvāt.

7b. prajñā-pāramitāyām ukto mantraḥ. tad yathā gate gate
pāra-gate pāra-saṃgate bodhi svāhā
iti prajñā-pāramitā-hṛdayaṃ samāptam.

文献

上野頼栄編『不動護摩私記』智積院、一九六三年。

木村俊彦・竹中智泰『禅宗の陀羅尼』大東出版、一九九八年。

坂内龍雄『真言陀羅尼』平河出版社、一九八一年。

佐久間留理子『インド密教の観自在研究』山喜房佛書林、二〇一一年。

種智院大学密教学会（編）『梵字大鑑』名著普及会、一八八三年。

田久保周誉『真言陀羅尼蔵の解説』豊山派宗務所（校訂増補）、一九七九年。

立川武蔵『西蔵仏教宗義研究（第五巻）』東洋文庫、一九八七年。

――『般若心経の新しい読み方』春秋社、二〇〇一年。

――『ヒンドゥー教神話の神々』せりか書房、二〇〇八年。

――『マンダラ観想と密教思想』春秋社、二〇一五年a。

――『弥勒の来た道』NHK 出版、二〇一五年b。

――『仏教史』1、西日本社、二〇二一年。

――『死と生の仏教哲学　親鸞と空海を読む』KADOKAWA、二〇二三年。

――『花はほとけの身体である』（八事山仏教シリーズ5）あるむ、二〇二四年。

立川武蔵・桑村恵美子・山出あけみ「不動護摩の記録」SAṂBHĀṢĀ 8、名古屋大学印度学仏教学研究会、一九八六年、一～四八頁。

智山伝法院（編）『智山の真言』智山伝法院、二〇一〇年。

八田幸雄『真言辞典』平河出版社、一九八五年。

密教聖典研究会『不空羂索神變眞言經』呪文集成　大正大学総合佛教研究所密教聖典研究会、二〇〇四年。

Bhattacharyya, B. *Sādhanamālā* (1). Baroda: Oriental Institute, 1925.

Kolhatkar, Madhavi and Musashi Tachikawa. *Buddhist Fire Ritual in Japan*. Osaka: National Museum of Ethnology, 2012.

Tachikawa, Musashi, Shrikant Bahulkarand Madhavi Kolhatkar. *Indian Fire Ritual*. Delhi: Motilal Banarsidass, 2001.

あとがき

「アモーガ　ヴァイローチャナ……」

誰かが歌っている。しかも光明真言（不空にして遍く照らす……）をサンスクリット（梵語）で若い女性が畳の上で歌っている。四国の丸亀に近い海岸寺の本堂でのことだった。わたしは二〇二三年一〇月、空海誕生の地ともいわれるその寺を講演のために訪れていたのだが、その女性がサンスクリットで歌っていることに驚くとともに、いや、それ以上にその澄んだ高い声に魅入られた。

その後しばらくして、わたしは彼女、つまり松田美緒さんが歌手であることを知った。こまかな経緯はもう忘れてしまったが、ともかく彼女がサンスクリットを学習し、そのうちに真言をサンスクリットで歌うＣＤを出版することになった。こうしてこの書＋ＣＤはできあがった。

「はじめに」でも書いたことだが、このような特殊なものを出版する機会を与えていただいた八事山興正寺には重ねて厚く御礼を申し上げます。

立川　武蔵

あとがきのあとがき

空海の『声字実相義』に、音声や文字の「実相」（真のすがた）とは法身仏の三密（身体・言葉・心）が融合しているすがたであり、衆生が本来有しているマンダラである、とあります。また、名（名前）は必ず体（本体、基体）を招く、つまり顕わにし、この体を「実相」と名づけると述べています。「真言とはこれ声なり」ともいいます。この書には、密教のいう五大（地・水・火・風・空）とは、五文字（a, va, ra, ha, kha）、五仏（大日・阿閦・宝生・阿弥陀・不空）さらに数多くの尊格のことである、とも述べられています。ようするに、五つの要素が五つの象徴文字および仏たちをも意味しているというのです。これは『即身成仏義』における、六大（五大と識）がどのように組み合わされようともそれはマンダラであり仏の身体でもある、という考え方に近いものです。空海にとって世界はマンダラであり、声（真言）は最終的には仏の身体でもあったのです。

しかし、今日、「世界はマンダラであり、声は仏の身体である」といったところで現代世界は認めません。世界がマンダラであると主張するためには大掛かりで用意周到な弁明が必要です。世界をどのように定義するのか。マンダラは如何にしてよきもの（聖なるもの）でありうるのか。他の宗教との距離をどのように説明するのか、等々の問に答えねばなりません。かつて「神学」の大前提は弁明なしに受け入れられました。しかし、神学もその大前提を弁証しなくてはならなくなったのです。

歌手・著者プロフィール

松田美緒（まつだ・みお）：

　一八歳の頃ポルトガルの音楽ファドに出会ったことから、本場リスボンに留学、二〇〇五年に大西洋をテーマにブラジルで録音した『アトランティカ』でビクターよりデビュー。以来、ポルトガル語やスペイン語など六ヶ国語を操りながら、世界の著名ミュージシャンとコラボレーションを行い、多数のアルバムを発表。歌の普遍性を信じ、音楽のジャンルに縛られず、世界各地に息づく音楽を吸収し、地域の魂が宿った歌を拾い上げ、それを独自の表現にしていく活動は「歌う旅人」と称される。

　海外移民に歌い継がれた曲も含め、知られざる日本の歌を掘り起こす活動も行い、二〇一四年にCDブック『クレオール・ニッポン うたの記憶を旅する』を発表。高い反響を呼び、文藝春秋『日本を代表する女性一二〇人』に選ばれる。日本テレビ系列『NNNドキュメント』ではその活動を追った番組二作が放映され、坂田記念ドキュメンタリー賞グランプリ、ギャラクシー賞を受賞。二〇二一年は、南米音楽のレジェンドで一九年度ラテングラミー生涯功労賞を受賞したウーゴ・ファアトルーソのプロデュースで『LA SELVA』をリリース。翌年にはアナログLP盤でもリリースされた。ライブシリーズ「風のとまり木」では、スピリットの宿る歌の場を探っている。

www.miomatsuda.com

立川武蔵（たちかわ・むさし）：

名古屋大学文学部卒。文学博士（名古屋大学）。Ph.D.（ハーバード大学）。名古屋大学文学部教授、国立民族学博物館教授、愛知学院大教授を経て、現在、国立民族学博物館名誉教授、興正寺仏教文化研究所長。専門はインド学・仏教学。著書に『中論の思想』『中論講義（上・下）』（法蔵館）、『空の思想史』『日本仏教の思想』『ブディスト・セオロジー』（五巻）（講談社）、『マンダラ観想と密教思想』『三人のブッダ』（春秋社）、『最澄と空海』『死と生の仏教学―空海と親鸞を読む―』（KADOKAWA）、『仏教史（1・2）』（西日本社）など。

真言を歌う　―詩のつばさ―

発行日　二〇二五年五月一日
歌　松田美緒　文　立川武蔵
監修　八事山仏教文化研究所
〒四六六―〇八二五
名古屋市昭和区八事本町七八　宗教法人興正寺
装画　小島伸吾
装丁　河村岳志
編集・本文組版　石川泰子（編集工房ｉｓ）
発行　株式会社あるむ
〒四六〇―〇〇一二
名古屋市中区千代田三丁目一番一二号　第三記念橋ビル
電話　（〇五二）三三二―〇八六一
ＦＡＸ　（〇五二）三三二―〇八六二

Printed in Japan
ISBN 978-4-86333-218-8 C0014

［**CD**］

二〇二五年三月 MIHO MUSEUM 南アジア展示室にて録音。
歌唱・作曲：松田美緒
録音およびミキシング・マスタリング：森崇（BOSCO MUSIC）
プロデュース：宮本貞雄（リビングミュージックジャパン）